रोलर कोस्टर

इंसानी जज़्बातों की एक मनोरंजक राइड !

आदित्य मेहता

BookLeaf Publishing
India | USA | UK

Made with ❤ on the BookLeaf Publishing Platform
www.bookleafpub.in
www.bookleafpub.com

Dedication

बड़ी मम्मी (दादी),
यह आपके लिए...
आप इस दुनिया में तो नहीं हो,
पर मेरे साथ में हमेशा रहोगी...

Preface

रोलर कोस्टर !

हमारे सामान्य जीवन में जो चीज़ें होती हैं, जो भी घटनाएं घटती हैं, या हम जो भी सोचते हैं; बस उसी को अपनी कविताओं के माध्यम से आपके सामने लाया हूं। एक बार, इस सफ़र पर मेरे साथ चल कर देखिए। बहुत से उतार - चढ़ाव आएंगे, कभी आप हंसेंगे, तो कभी आपकी आँखें नम हो जाएगी। यही हमारा जीवन भी है न, बस उसी को शब्दों में उकेरने की कोशिश की है।

इस पूरे सफ़र में, मैं आपके साथ रहूंगा।
ये समझिएगा कि आपका ये नया दोस्त,
खुद आपके सामने बैठकर कविताओं की एक महफ़िल सजा रहा है।

यह सफ़र आपको कैसा लगा,
आपको कैसा महसूस हुआ, बताइएगा जरूर...

आपके इस सुहाने सफ़र का सूत्रधार,

आदित्य मेहता

ईमेल - adiknr.mehta6@gmail.com
इंस्टाग्राम - @_addy.22

linktr.ee/adityamehta22

Acknowledgements

शुक्रगुजार हूँ विधाता का,
जिन्होंने मुझे ये खूबी दी।
इंसान से लेकर जज़्बातों तक,
सभी को पन्नों पर उकेरने की शक्ति दी।।

नमन करता हूँ परमपिता परमेश्वर को,
आशीष मांगता हूँ विद्या की देवी सरस्वती माता का।
शीश झुकाता हूँ अपनी कलम के समक्ष,
समर्पित करता हूँ अपने ये शुरुआती लफ्ज़।।

धन्यवाद करता हूँ हर उस माध्यम का,
जिसने शब्दों से मेरी दोस्ती करवाई।
माथा टेकता हूँ अपने माता - पिता समक्ष,
जिनके आशीर्वाद से हुआ है यह सब कुछ संभव।।

अंत में सिर्फ एक बात,
खुदा के माध्यम से,
धन्यवाद खुद के नाम।
जिसने भरोसा रखा
खुद पर और खुद से ज्यादा,
खुद के शब्दों पर।।

अच्छा लगता है, जब तुम्हारा परिवार तुम्हारे जुनून को समझे, तुम्हें अपने शौक़ पूरा करने के लिए हिम्मत दे। उसी हिम्मत के लिए, उसी

आशीर्वाद के लिए, उसी साथ के लिए, उसी भरोसे के लिए, बड़े पापा - बड़ी मम्मी (मेरे दादा - दादी) और पापा - मम्मी; आपका बहुत - बहुत धन्यवाद। (बड़ी मम्मी आज हमारे साथ भले ही नहीं हैं, पर एक मां का आशीर्वाद तो सदा अपने बच्चों के सिर पर होता ही है ना)

मेरी कविताओं की अक्सर पहली रीडर मेरी बहन होती है। ये कैसा है... अच्छा तो लग रहा है ना... पक्का फाइनल कर दूं... ये सवाल तो हर कुछ दिनों में उसके सामने होते हैं। और बड़ी ही शांति से, मेरे हर सवाल का जवाब वो देती हैं। अनिषा, एक अच्छी रीडर व बेहतरीन समीक्षक होने के लिए धन्यवाद।

9 से 6 की नौकरी करने वालों के लिए थोड़ा - सा मुश्किल हो जाता है, अपने शौक़, अपने जुनून को पहचानना और उनके संग आगे बढ़ पाना। वैसा ही कुछ मेरे लिए भी था। उसी आदित्य को बार - बार लिखने के लिए प्रेरित करने वाले दोस्तों को धन्यवाद। मुस्तफा और मेहुल, तुम दोनों के साथ के बिना शायद यह संभव ना था। भगवान, तुम जैसे दोस्त सभी को दे।

मेरे लेखन का सफ़र अब तक बेहद उम्दा रहा है। बहुत से किरदारों ने, अपना साथ और योगदान दिया है। उन सभी को, उनके साथ के लिए, मुझ पर भरोसा दिखाने के लिए, और मुझे लिखने के लिए प्रेरित करने के लिए; बहुत - बहुत धन्यवाद। आप सभी इसी तरह, अपने आस - पास के लोगों को प्रेरित करते रहिएगा।

मेरे शब्दों को, मेरी डायरी से इस किताब के पन्नों तक ला पाने का माध्यम बनी बुकलीफ पब्लिशिंग टीम को बहुत - बहुत धन्यवाद। आप कईयों के सपनों को उड़ान दे रहे हो।

अपनी कलम का,

इस संसार का।

मेरे लेखन के हर एक निमित्त का।

बहुत - बहुत धन्यवाद।।

प्यार, फिर एक बार...

ये प्यार भी ना,
कमबख़्त बड़ी मासूम चीज़ है।

अब कल ही की बात है,
इस दिल को प्यार हुआ
फिर एक बार है।

उसकी मुस्कुराहट ने मानो,
मेरे आंसुओं को पोंछ दिया हो।
उसके स्पर्श मात्र ने,
इस दिल के सभी घावों को भर दिया हो।।

उसके आलिंगन से,
मेरे शरीर का रोम - रोम खिल उठा।
उसके साथ बिताया समय मानो,
दो घंटे भी मात्र दो मिनिट सा लग रहा।।

अब तुम कहोगे, प्यार में दगा देता हूं मैं।
हर कुछ दिन में,
किसी नए से इश्क़ कर बैठता हूं मैं।।

देखो, तुम्हें गलत नहीं ठहराऊंगा,
क्योंकि बात तो सही है।
इस दिल के आईने में,
इश्क़ की परिभाषा इस दफ़ा कुछ नई है।।

आजकल थोड़ा मायूस रहता हूं।
इसलिए रोज़ाना इश्क़ ढूढने निकल पड़ता हूं।।

अपने घर से निकल
पास के बागान में,
उस विशाल पेड़ के नीचे
एक नए इश्क़ की तलाश में।
निकल जाता हूं मैं,
अपने बिखरे दिल को संजोने की चाह में।।

इश्क़ करता हूँ।

इश्क़ करता हूँ,
किसी की हंसी से,
किसी की नजरों से,
किसी की बातों से,
तो किसी की मुलाकातों से।

इश्क़ करता हूँ।

इश्क़ करता हूँ,
उन मासूम बच्चों से।
जो निष्पक्ष हैं, सरल हैं
सच्चे हैं, पवित्र हैं।

जो भेदभाव नहीं करते,
किसी इंसान में।
जिनको अनुमान नहीं,
ऊंच - नीच का।
जिनको मालूम नहीं,
जात - पात का अंतर।
जिनके लिए हम सब एक से है,
और जो हमारे लिए सबसे नेक से है।।

इश्क़ करता हूँ।

इश्क़ करता हूँ,
उन मासूम बच्चों से।
जो हर रोज़ मेरे घावों पर मरहम लगाने,
दौड़े चले आते हैं
ढूढंकर मुझसे मुलाक़ात के बहाने।।

मैं बूढ़ा, अकेला इंसान!
बच्चे साथ रहते नहीं,
मेरे हाथ - पैर अब चलते नहीं।
लाठी का सहारा लेना पड़ता है,
ये शरीर अब लड़खड़ा कर चलता है।।

ऐसे में मैं कहां खुशी ढूंढू,
ये मोहल्ले के बच्चे है न
इन्हीं को अपनी औलाद मान लेता हूं।
दिन के कुछ पल
या यूं कह दूं
इस बूढ़े की बची जिंदगी के सबसे हसीन पल,
इन नन्हीं जानों के साथ खेल कर बिता लिया करता हूँ।।

मैं बूढ़ा, अकेला इंसान!

हर पल अपनी औलाद के प्यार को ढूढने निकल पड़ता हूं।
आखिर में जाकर
अपने घर के पास के बागान में
खिल रहे पड़ोसियों के नन्हें फूलों को ही
अपनी औलाद मान
खुद से समझौता कर लिया करता हूँ।

मैं बूढ़ा, अकेला इंसान!

इश्क़ कर लिया करता हूँ।
जहां से भी मिल जाए थोड़ी - सी खुशी,
उसी खुशी में खुश होकर
फिर से घर लौट जाया करता हूँ।

मैं बूढ़ा, अकेला इंसान!

चाय !

प्यार के ढाई अक्षर,
रिश्ता बनाते है सात जनम का।
चाय के मात्र दो अक्षरों से,
रिश्ता बन जाता है जन्मों - जनम का।।

कोई चीज़ बड़ी आसानी से मिल जाए,
तो उसकी अहमियत ख़त्म हो जाती है।
और वैसे ही कोई चीज़ अगर रिश्तों के तार जोड़ दे,
तो उसकी अहमियत कई गुना बढ़ जाती है।।

आज तक ना,
चाय को हर इंसान ने गलत समझा है।

चाय सिर्फ एक पेय पदार्थ होता,
तो कॉफी, लस्सी आदि के पैरों तले
कब का कुचला जा चुका होता।
और चाय सिर्फ कुल्हड़ में मिलने वाला लाल पानी होता,
तो कैपुचिनो, अमेरिकानो आदि के सामने
कभी के हथियार डाल चुका होता।।

पर चाय ना, प्यार है,
ज़मीन से जुड़े होने का एहसास है।
चाय इकरार है,
कर जाता सबके दिलों पर मीठा वार है।।

एक दफा उस दंपति से पूछो,
जो हर सुबह पहली चाय बनाने को लेकर मीठी नोंकझोंक करते हैं।
या उन भाई - बहन से बात कर लो,
जो हर दिन लड़ाई करकर
आज की चाय कौन बनाएगा ये तय करते हैं।।

चाय ना, एक फीलिंग है।
अंग्रेजी वाली फीलिंग भी,
और वो समोसों में जो आलू मसाले की फीलिंग डलती है ना,
वैसे ही हमारे रिश्तों में चाय
एक फीलिंग की तरह मोहब्बत घोल देती है।

अब भला
कभी कॉफी पर चर्चा सुना है
या जूस की महफ़िल।
पर चाय पर चर्चा भी होती है
और हर शाम चाय की महफ़िल भी सजती है।।

यही तो सुंदरता है
चाय के इन दो अक्षरों की।

चाय का किसी से कोई बैर नहीं,
मानो बिल्कुल अपनी प्रजाति की गाय हो।
जिसके साथ कहोगे
या जिसके बाद कहोगे,
हर जगह सेट हो ही जाती है।
ये चाय है जनाब,
अपना रास्ता ख़ुद ही बनाती है।।

कईयों के लिए तो चाय एक बहाना होती है।
अपने दिनभर के गमों को भुलाने का एक सहारा होती है।।

अब सोचना छोड़ो,
और चाय की प्याली का हाथ थाम लो।
मैंने भेजा है ये प्यार भरा संदेशा,
चाय के माध्यम से आओ और मुझे गले लगा लो।।

कहाँ हो तुम ?

कहाँ हो तुम?

कपड़ों में नहीं,
बस्तों में नहीं।
कमरे में नहीं,
घर में नहीं।

राहों पे नहीं,
मुकामों पे नहीं।
बस में नहीं,
ट्रेन में नहीं।

ऑफिस में नहीं,
सिनेमा घर में नहीं।
मॉल में नहीं,
बागानों में नहीं।

आखिर, कहाँ हो तुम?

दिल में नहीं,
दिमाग में नहीं।
यादों में नहीं,
खयालातों में नहीं।

रूह में नहीं,
खून में नहीं।
हाथ की लकीरों में नहीं,
किस्मत की जंजीरों में नहीं।

कहाँ हो तुम?

मेरी 9 से 6 की दिनचर्या में नहीं,
मेरे ऑफिस की कैंटीन में नहीं।
मेरी माशूक़ा की तस्वीर में नहीं,
मोबाइल और लैपटॉप की स्क्रीन पे नहीं।
आखिर, कहाँ हो तुम?

कहीं कोई हसीं - ठिठोली तो नहीं कर रही।
हो तुम मेरे ही पास,
पर दूर होने का अभिनय तो नहीं कर रही।

सब तरफ तो ढूढ लिया,
अब और कहाँ छिप सकती हो।
खुद को आईने में देख समझ गया,
तुम भला कहीं और, कैसे मिल सकती हो।

मां की गोद में हो तुम,
पापा की मुस्कुराहट में हो जाती हो दोगुनी।
दादा - दादी की हंसी में हो तुम,
भाई - बहन की शरारत में बढ़ती हो, दिन दूनी, रात चौगुनी।।

दोस्तों के साथ में हो तुम,
बच्चों के बचपन में हो तुम।
हो तुम यहीं, मेरे ही पास,
फिर पता नहीं क्यों
तुम्हें पाने की लगा रहा हूं मैं आस।।

ढूढों तो हर जगह हो,
और ना ढूढ पाओ तो कहीं भी नहीं तुम।
दिल के एक कोने में
जिसका नाम ख्वाहिश कहते हैं लोग,
उस कोने की मानो धरोहर हो तुम।।

खुशी!

खुशी,
तुम्हें ढूढने की चाह हम सब रखते हैं,
पर क्या वाकई हम तुम्हें उस लायक लगते हैं।
तुम्हें ढूढने की जगह,
क्यों ना तुम्हें महसूस किया जाए।
तुम आगे से चलकर आओगी ये सोचने की जगह,
क्यों ना तुम्हें स्वयं आमंत्रित किया जाए।।

खुशी,
बड़ी जीत में नहीं,
छोटी - छोटी चीज़ों में हो तुम।
दुनियादारी में नहीं,
अपनों के साथ में हो तुम।।

खुशी,
अब मैंने है ठान लिया,
तुम्हें ढूढने का विचार मैंने है छोड़ दिया।
जो है मेरे पास, उसी में तुम्हें खोज लूंगा,
तुम्हें ढूढने का बहाना देकर
तुमसे दूर अब और नहीं जाऊंगा।।

दरबार

प्रभु जी का दरबार है,
मनोकामनाएं अपनी मांग लेना आज।
एक नहीं, दो नहीं,
अपनी हर एक ख्वाहिश की अरज लगा देना आज।।

प्रभु जी का दरबार है।

इच्छा जो उनकी हुई,
तो मनोकामना क्या,
समझ तेरी खुशियां दोगुनी हुई।

तू एक मांगेगा, वो चार देंगे,
तेरे घर पर खुशियों का अंबार देंगे।
तेरी जिंदगी जन्नत बन जाएगी,
तेरी राहों में फूलों की चादर बिछ जाएगी।।

मांग लेना, जो मांगना चाहता है,
कह देना, जो कहना चाहता है।
पर याद रखना,
भक्ति निस्वार्थ करनी होगी,

अमीरी हो या गरीबी,
प्रभु जी के दरबार के बाहर छोड़नी होगी।।

हल्के में मत लेना,
विश्व विधाता है वो।
तुझे, मुझे,
इस पूरी सृष्टि को बनाने वाले,
परमात्मा है वो।।

डरना उनसे,
अगर राह जो तेरी गलत हो।
पकड़ना उनकी अंगुली,
अगर नियत में जो तेरे, ना कोई खोट हो।।

प्रभु जी है,
बहुत बड़ा औहदा है उनका।
तेरी मुराद भी पूरी करेंगे
और तेरे दोस्त बनकर तेरी हर बात भी सुनेंगे।

बस विश्वास रखना,
क्या पता आज तेरी परीक्षा का समय हो
और कल आने वाली कोई बड़ी खबर हो।

प्रभु जी का दरबार है...
समय निकाल माथा टेक आना।
उनसे अपने मन की हर मुराद,
एक दफ़ा कह आना।।

काश तुमसे एक मुलाक़ात...

काश तुमसे एक मुलाक़ात और हो जाती,
वो पहली झलक में दिखी परी
एक दफ़ा और मुझसे रूबरू हो पाती।
चांद - तारों की खोखली बातें तो नहीं करता,
पर तुम्हारे चेहरे पर उस हंसी को देखने के लिए
पागलपंथी में भी कोई कमी नहीं रखता।।

प्यार - व्यार तो बड़ी बातें हो गई,
पर तुम्हारी वो पहली झलक मुझे अब भी याद है।
वो हल्की - सी मुस्कुराहट के साथ
अंगुलियों के करतब से तुम्हारा हाय,
या फिर वो अलड़ - गलड़ खाते हुए
तुम्हारे साथ हुई नटखट नोक - झोंक भरी बातें।।

याद तो सब कुछ है,
तुमसे मिलने की ख्वाहिश से लेकर
तुम्हारी एक झलक पाने की उम्मीद भी इस दिल में है।

देखते हैं,
सारी कायनात हम दोनों को मिलाने की कोशिश में लग जाती है,
या फिर हम दोनों को दो अलग - अलग इंसानों से मिलवाकर
नए रास्ते पर भेज देती है।।

पर देखो, मैंने अपना वादा निभाया।
तुमसे वापिस मुलाक़ात हो या ना हो,
तुम्हें अपने क़रीब, अपनी बाहों में मैंने कैद है कर डाला।।

अब ये अनकहा - सा रिश्ता अमर हो जाएगा।
जब भी करेगा तुमसे मिलने का मन,
तो अपनी यादों की तिज़ोरी को खोल,
अपनी डायरी के इस पन्ने पर उकरे,
तुम्हारे हुस्न और अदाकारियों के किस्से पढ़ लिया करूंगा।।

कुदरत और मैं

तेज हवाएं चल रही हो
पेड़ - पौधे लहरा रहे हो
आंधी जैसा माहौल बन जाए
मौसम करवट लेने लगे
और तभी
मैं चाहता हूं कि
ये वक्त चंद क्षणों के लिए ही सही,
पर ठहर जाए।

रफ़्तार से जा रही गाड़ी थम जाए,
हंसी - ठिठोली करते दोस्तों की हंसी कायम हो जाए।
मशीनों की तरह दौड़ते लोग रुक जाए,
और आंधी - तूफ़ान पर अचानक से विराम लग जाए।।

उन चंद क्षणों में
बस इस जहां को महसूस करना चाहता हूं,
अपने अस्तित्व को मैं क़रीब से परखना चाहता हूं।
बिना किसी की परवाह किए,
मैं भी एक बच्चे की तरह
खिलखिलाकर खेलना और कूदना चाहता हूं।।

बेटा, एक दफ़ा घर आ जा

बेटा, एक दफ़ा घर लौट आओ ना।
जानता हूं, नौकरी, पैसे कमाने की जद्दोजहद,
ऐसी ढेरों उलझनें है,
पर एक दफ़ा अपने घर, अपने अपनों के पास,
दौड़े चले आओ ना।।

नहीं - नहीं, किसी की भी तबीयत बिगड़ी नहीं है,
ना ही कोई आपातकालीन स्थिति उत्पन्न हुई है।
भगवान के आशीर्वाद से सब कुछ भला - चंगा है,
बस बेटा, तेरी याद में, ये दिल आजकल बहुत रोता है।।

रोकना चाहूंगा
पर फिर भी नहीं रोकूगां,
तेरी तरक्की के रास्ते में,
मैं कभी नहीं आऊंगा।।

बस बेटा, बाप हूं तेरा,
एक दफ़ा फिर से तुझे निहारना चाहता हूं।
बचपन में जो ना दे पाया था प्यार पूरा,
उसकी पूर्ति तेरे संग वक्त बिता कर करना चाहता हूं।।

मैं सिर्फ एक चीज़ मांगूंगा, क्या तू दे पाएगा
इस बूढ़े होते बाप को गले से लगा पाएगा?

छोड़,
मैं भी ना इमोशनल होने लगा।

अच्छा सुन,
अपने गांव में बस स्टेशन पर एक नई दुकान लगी है,
बिल्कुल तेरी पसंद की खस्ता कचौरियां
और चट - पटे समोसों की सुगंध फैली है।
अब तो तेरे वो चाय वाले काका, देर रात तक टपरी भी खुली रखते हैं,
और तो और चाय के साथ अब आईसक्रीम, ठंडा भी वो बेचते हैं।।

बेटा, एक दफ़ा इन सभी का स्वाद चखने ही आ जा।
हमारे संग रात की महफ़िल सजाने ही आ जा।।

जानता हूं, मेरा मन तो नहीं भरेगा,
तू चाहे बरसों मेरे पास रहले
बाप हूं, मेरे मन का पिटारा कभी नहीं भरेगा।
पर फिर भी एक दफ़ा, ऑफिस को वही छोड़,
बस मेरा बेटा बन कर घर आ जा।।

मानता हूं, तेरे हज़ार बार कहने पर भी
हम तेरे साथ शहर में नहीं रह सकते।
पर तू तो लाड़ला बेटा है ना,
एक बार हमारी खैर - ख़बर लेने के बहाने ही आ जा।।

बेटा,
एक दफ़ा घर आ जा।
अपने बूढ़े होते बाप को गले लगा जा।
तुझे देख, मेरी खुशियां बढ़ जाएगी,
क्या पता तेरे बूढ़े होते बाप की उम्र दो साल और बढ़ जाएगी।।

बेटा,
एक दफ़ा घर आ जा।
अपने बूढ़े होते बाप को गले लगा जा।।

बेटा,
एक दफ़ा घर आ जा।।

ज़िंदगी अच्छी थी...

ज़िंदगी अच्छी थी...
जब ये अंगुलियाँ छोटी थी,
जब ये मुस्कान चौड़ी थी।
जब ये चेहरा मासूम लगता था,
और जब घुटना ही हमारा पैर हुआ करता था।।

ज़िंदगी अच्छी थी,
जब कंधों पर जिम्मेदारी का बोझ नहीं होता था।
जब चेहरे पर शिकन के अलावा हर एक भाव होता था।।

ज़िंदगी अच्छी थी,
जब हर कोई तुम्हारे साथ खेलना चाहता था,
जब तुम्हारे साथ - साथ हर कोई बच्चा बन जाता था।
जब आगे से तुम्हें पप्पियां - झप्पियां मिलती थी,
और जब तुम्हारी फिक्र हर किसी को ही लगती रहती थी।।

ज़िंदगी अच्छी थी,
जब ना काम का बोझ, ना धंधे की टेंशन।
जब ना दिखावे की फिक्र, ना कोई कॉम्पिटिशन।।

ज़िंदगी अच्छी थी,
जब गिरने पर तुम्हें नहीं
चींटी को लगा करती थी।
जब सिर्फ एक छींक पर
दुनिया भर की डॉक्टरों की टीम आ जाया करती थी।।

ज़िंदगी अच्छी थी,
जब खाना, पीना और सोना तुम्हारी दिनचर्या होती थी।
और दुनिया तो मानो राजा साहब की गुलाम ही बन बैठी थी।।

ज़िंदगी अच्छी थी,
जब आई - बाबा साथ हुआ करते थे,
हर एक मुद्दे पर तुम्हारी ढाल बन जाया करते थे।
जब मां व्यंजन में कोई कमी नहीं छोड़ती थी,
तो बाबा की गाड़ी की आवाज तुमसे भूले नहीं भूलती थी।।

ज़िंदगी तो आज भी अच्छी है,
बस मां - बाबा के पास जाने की देरी है।
चाहे बाल सफेद हो गए है दोनों के,
पर ढाल बनने को दोनों आज भी रेडी है।।

ज़िंदगी अच्छी थी, है और रहेगी,
बस उस नन्हीं जान को खुद में जिंदा रखो।
ना - जाने कब थक जाओ,
अपनी जड़ों के,
अपने माता - पिता के साथ रहो।।

पता नहीं...

सूरज, जिसके उगने से हमारा दिन
और अस्त होने से हमारी रात।
उसी सूरज की पहली किरण का मकसद है रोशनी फैलाना,
पर मेरे हर सुबह उठने का मकसद, पता नहीं...

दिन - दहाड़ी करने वालों का मकसद है दो वक्त की रोटी कमाना।
पर मेरे दिन - रात काम करने का मकसद, पता नहीं...

दिन दहाड़ी कर हाथ में आए कुछ सौ रुपए की मुस्कान दिखती है,
पर मासिक वेतन के रूप में आने वाली मोटी सैलरी की मुस्कान...
पता नहीं...

सीखने की ललक है
या वर्क लोड का प्रेशर, पता नहीं...

खुद को आज भी चाहता हूं
या नफरत करने लगा हूं, पता नहीं...

समय की घड़ी धीरे चल रही
या फिर मैं बेसब्र हूं शनिवार - रविवार के लिए, पता नहीं...

मेरे पास दोस्त नहीं
या मैं दोस्ती के लायक ही नहीं, पता नहीं...

किसी के साथ या अपनेपन की जरूरत है
या फिर मेरे अकेलेपन की ही ये कवायद है, पता नहीं...

नज़र मेरी कमजोर हो रही
या सबकुछ सामने होते हुए भी देखना नहीं चाहता, पता नहीं...

पैसा कमाने की दौड़ में,
खुद को किस मोड़ पर भूल आया, पता नहीं...

मैं वही मुस्कुराता हुआ नौजवान हूं
या कोई कृत्रिम रोबोट मशीन, पता नहीं...

सच कहूँ तो इन सब द्वंद का जवाब वाकई नहीं है मेरे पास,
पर क्या मैं इन सब जवाबों को ढूढनंा भी चाहता हूं, पता नहीं...

इन सब 'पता नहीं' में, एक चीज़ जरूर पता है,
मैं उस भविष्य को संवार रहा हूँ
जिसके लिए मैं भी जिंदा रहूंगा या नहीं, पता नहीं...

सच तो ये है कि
हम ना, करते हैं इंतजार
उस वक्त का जब तक हर चीज़
हासिल ना कर लें अपना चरम स्थान।

चरम पर पहुंचने के बाद
सब कुछ धुंधला - सा हो जाता है।
मानो पूरी दुनिया का अंधियारा
तुम्हारी आंखों के सामने ही छा जाता है।।

और हां, इन सब 'पता नहीं' ने एक बात तो सिखला दी।
चेहरे पर मुस्कान सिर्फ तभी आ पाएगी,
जब जीवन में तुम्हारे प्यार और शांति छाएगी।

वरना तनाव और प्रेशर से तो पूरी दुनिया घिरी है,
और उस डिप्रेशन की कंडीशन हम में से कईयों को आज भी,
पता नहीं।।

ऐ वक़्त, तू थम जा...

मेरा बस चले तो ठहर जाऊं,
जहां हूं,
जिस हालात में हूं,
बस रुक जाऊं।

फ़र्क नहीं पड़ता कि
हाथ से निवाला छूटेगा
या मेट्रो छूटेगी।
जरूरी नहीं लगता कि
आज मैं प्यासा रह जाऊंगा
या ऑफिस की मीटिंग शुरू नहीं होगी।।

बस चाहता हूं कि ये वक़्त थम जाएं।

सोचो क्या सुहाना पल होगा,
बरसों बाद तुम्हारे दिमाग को दो घड़ी का आराम मिलेगा।
इस अल्प विराम में,
और कुछ हो ना हो,
शायद तुम्हें अपने दिल की धड़कन सुनने का मौक़ा
जमानों बाद फिर एक बार मिलेगा।।

खैर,
मैं तो बस इतना ही चाहता हूं
कि ये वक़्त थम जाए।
इंसान तो है ही सुपर पावर का खज़ाना,
कम से कम
दिनभर दौड़ती - भागती मशीनों को ही थोड़ा आराम मिल जाए।।

बस ये वक़्त थम जाए।

तुम्हें याद है आखिरी दफ़ा तुमने क्या लज़ीज़ खाया था,
या दौड़ भाग करते हुए तुमने बस खाने को गले से उतरा था।
याद करो, आखिरी दफ़ा कब अपने परिवार संग बैठे थे,
मोबाइल और टीवी को बंद कर कब उनके साथ तुम हंसे थे।।

मेरा बस चले तो
वक़्त को कह दूं कि
ऐ वक़्त, तू थम जा ज़रा।
मुझे ज़िंदगी महसूस तो करने दे एक दफ़ा।।
ऐ वक़्त,
तू थम जा ज़रा।।

मोहब्बत की दास्तां

तुम्हें वो जो पहली दफ़ा देखा मैंने,
दिल में धक - धक होने लगा।
पहला, दूसरा, तीसरा तो नहीं पता यार,
पर इस दिल को फिर से प्यार होने लगा।।

तुम्हारी आंखें,
तो है मानो प्यार की सौगातें।
ये तो वक्त बलवान था,
वरना हम कभी के एक - दूसरे के हो जाते।।

मुलाक़ात तो पहली ही थी,
और साथ में फ़ौज पूरी थी।
हम भी तो आशिक़ थे,
बातों का शंखनाद कर दिया,
और देखते ही देखते अपने दिल को तुम्हारे नाम कर दिया।।

इतने में तुम हंस दी,
बस यहीं तो तुमने गलती कर दी।
अब ये दिल मैं तुम्हें सौंप चुका हूं,
तुम्हें अपना मैं बना चुका हूं।।

इतना मत मुस्कुराओ ना,
इस प्यारी मुस्कुराहट से कैसे आंखें चुराऊंगा।
जो दिल मैं पहले ही तुम्हें दे बैठा हूं,
उस दिल को वापिस कहां से लाऊंगा।।

सफ़र अभी ये बहुत लंबा है,
हाथ जो तुमने मेरा थाम रखा है।
जिंदगी के हर पड़ाव पर साथ रहेंगे,
ऐसा वादा तुमसे मेरा है।।

बस ये मत पूछना कि मुझे तुममें क्या अच्छा लगा,
जवाब नहीं दे पाऊंगा।
अब भला,
मोहब्बत को मोहब्बत की दास्तां कैसे सुनाऊंगा।।

लॉन्ग ड्राइव पर चलोगी,
मेरे संग ये दुनिया देखोगी।
कहते हैं बड़ा हसीन सफर होता है
जब तुम्हारा कोई खास तुम्हारे साथ होता है।।

ऐ मेरी मोहब्बत की दास्तां,
मेरी खुशियों की नई मूरत।
क्या निभाओगी मेरा साथ,
और थामोगी मेरा हाथ अंत तक।।

बेहतर था न...

बेहतर था न...

जब हर एक चीज़ फिल्माई नहीं जाती थी,
जब आपके भाव, आपकी आस्था, आपके आंसू और आपकी हंसी
सबमें एक असलियत होती थी।

जब हम दुनिया को तो नहीं बताते थे कि हम क्या खा रहे है,
पर उस गरमा गरम लज़ीज़ खाने का आनंद पूरे चाव से उठाते थे।

जब हमें नींद मोबाइल हाथ में लेकर नहीं,
बल्कि मां या दादी की गोद में सर रख कहानियां सुनते हुए आती थी।

जब भगवान के दर्शन व्हाट्सएप पर नहीं,
मंदिर जा कर किए जाते थे।

जब मन्नतें 11 लोगों को एक मैसेज भेजकर नहीं,
सच्चे दिल से भगवान से मांगी जाती थी।

जब निमंत्रण मोबाइल पर नहीं,
घर - घर जाकर दिए जाते थे।

जब मनुहार हाथ जोड़ने की इमोजी भेजकर नहीं,
गले लगाकर की जाती थी।

बेहतर था न...

बेहतर था न,
जब दिमाग नहीं, कपड़े मैले हुआ करते थे,
जब नियत नहीं, साईकिल खराब हुआ करती थी।
जब मोबाइल नहीं, हमारे घुटने फूटा करते थे और
जब लव नहीं, इश्क़ हुआ करता था।।

बेहतर था न...

शेर डर कर भागा नहीं करते

उदास हो, परेशान हो,
तुम क्यों अपने हालातों से हैरान हो।
अरे क्या हो गया
जो यह मंजर पार ना हुआ,
थोड़ा - सा मुस्कुरा भी लो
मेहनत के अलावा तुम्हारा और कुछ दांव पर ही कहां लगा।।

मेरे प्यारे दोस्त,
जिसके पैसे के,
जिसके सम्मान के खातिर तू मरने है जा रहा।
एक पल जाकर पूछ ले उनसे,
क्या पैसा और इज्ज़त
बेटे से ज्यादा जरूरी है।।

और मैं दावा करता हूं,
दुनिया की हर चीज़ को ठोकर मार
तेरे मां - बाप लगाएंगे तुझे गले से आज।
मानता हूं एक बड़ा आदमी नहीं बन पाएगा,
पर कम से कम अपने मां - बाप को रोता तो नहीं छोड़ जाएगा।।

मानता हूं करोड़ों नहीं कमाएगा।
पर दो वक्त की रोटी कमा,
मां - बाप के साथ जी तो पाएगा।।

किस चीज़ से डरता है तू?
यह दुनिया मतलबी है,
दुनिया के बारे में मत सोच,
आज तेरी ओर है,
कल दूसरी ओर होगी।
जिधर फायदा दिखेगा,
यह दुनिया उधर ही डोलेगी।।

आत्महत्या का मज़ाक बनाने वालों,
उस दर्द के मर्म को तुम समझो।
इतना आसान नहीं होता दुनिया छोड़ जाना,
उस बेचारे के हालातों को तुम समझो।।

कोशिश करो कि फिर सोचे ना कोई ऐसा करने का भी,
और तुम दो पल प्यार के, उसके साथ साझा करके तो देखो।।

कोई कमी नहीं है उसे
बस डॉक्टरों का कहना है कि
खून में प्यार नहीं है उसके।
जिस दिन उसको तुमसे प्यार मिल जाएगा
अगले ही पल उसकी धड़कन में
आत्मविश्वास का संचार हो जाएगा।।

कितना आसान होता है न,
पिच पर जाकर बॉलर के डर से खुद ही हिट विकेट हो जाना।
और उससे भी आसान,
चोटिल कहलाकर प्लेइंग इलेवन से ही बाहर हो जाना।।

पर तू, मेरे बब्बर शेर
तू तो अपने शेर बाप का शेर पुत्तर था न,
तू कब से डरने लगा।
एक तेज दहाड़ मार
और मुसीबतों की गेंद को खींच कर शॉट मार।।

शेर डर कर भागा नहीं करते।
पूरे हिम्मत और साहस से,
मुसीबतों का सामना हैं करते।।

क्या हुआ ?
हार गया ?
अरे बोलो भी ?
हार गया ना...

तो ठीक है ना, हारा ही तो है,
मरा थोड़ी ना।

एक फलसफे में हार से,
तू मर नहीं सकता।
इंसान है तू ,
तू पीछे हट नहीं सकता।।

और जल्द ही तू खुद कहेगा,

मौत से ज़िंदगी का सफर मैं जी रहा हूं,
अवसाद को खुशी के पलों में मैं बदल रहा हूं।
ख्वाहिशें हैं ऊंची, हौसला है पूरा,
कुछ ना कुछ अच्छा तो कर ही लूंगा, यह भरोसा है मेरा।।

दीदार

उनकी एक झलक मात्र से मेरे चेहरे पर मुस्कान आ गई,
जितनी देर था उनके समक्ष,
मेरी नजरें उनसे ना हट पाई।
ऐसा लगा मानो वक्त ठहर जाए,
और मुझे बस अपने प्रभु जी की प्रतिमा का दीदार करने दिया जाए।।

आज मेरे प्रभु जी बड़े सुंदर दिख रहे है,
सुंदर दिखेंगे कैसे नहीं, प्रभु जी जो ठहरे।
एक अलग ही रौनक है उनके चेहरे पर,
उन्हें देखते ही, ठंडक फैल जाती है इस मन पर।।

प्रभु जी का दीदार करना चाहता हूं।
उनके कदमों में माथा टेक
इस जीवन के लिए धन्यवाद करना चाहता हूं।।

अपने प्रभु जी को निहारते - निहारते
एक लम्हा ऐसा आ गया।
जैसे मानो इस डूबते भक्त को,
सहारा एक तिनके का मिल गया।।

साक्षात परम प्रभु परमेश्वर
अवतरित होकर।
मेरे समीप आए,
आशीर्वाद अपना लेकर।।

मेरे सर पर रखा उन्होंने अपना हाथ,
और कर दिया अपने इस भक्त को आबाद।
उनकी मुस्कुराहट ने मेरे सारे ग़म हर लिए,
मंदिर जी में बैठे हुए इस अनुभूति ने ही मानो
मेरे भाग्य खोल दिए।।

उनसे अब मेरी नजरें हटती नहीं,
और मेरी मंदिर जी से लौटने की इच्छा होती नहीं।
अब तो बस इतना ही निवेदन कर सकता हूं,
प्रभु जी क्या आपको अपने बेटे के घर आने की इच्छा होती नहीं।।

आपके दर्शन होते ही,
मेरा मन शांत हो जाता है।
मन में उठ रही हर एक निराशा पर,
ताला एक लग जाता है।।

प्रभु जी आपका एहसास ही काफी है,
आपके साथ होने का विश्वास ही काफी है।
बस रहिएगा अपने इस भक्त के साथ हमेशा,
क्योंकि बेटा चाहे कितना ही बड़ा हो जाए,
पिता के बिना वो पूरा का पूरा खाली है।।

तुम्हारा इंतजार

तुम्हारा इंतजार
अब और नहीं होता
मैंने उम्मीदें छोड़ दी है।
तुमसे मिलने को बेकरार था,
मैंने वो ख्वाहिशें तोड़ दी है।।

ना जाने कहा हो
किस गली, किस मोहल्ले
किस गांव, किस शहर
कहां ढूढू तुंम्हें।
क्या गारंटी है तुम मिल ही जाओगी
कहीं फिर से कोई बेतुका बहाना देकर दूर तो नहीं चली जाओगी।।

जिसे देखूं, उससे तुम मिल लेती हो,
मेरे दोस्तों से, मेरे रिश्तेदारों से
सबसे रूबरू होती हो।
मैंने क्या है बिगाड़ा,
जो मुझसे मिलने नहीं आती हो।
भला ऐसी कैसी नाराज़गी,
जो बस मुझ ही से मुंह फुलाए बैठी हो।।

ऐसा कौनसा परफ्यूम है उन्होंने लगाया,
जो उनके क़रीब तुम रहती हो।
और मुझसे ऐसा कैसा बैर,
जो एक आलिंगन को भी मुझे तरसाती हो।

Δ

किसने कहा कि मैं तुम्हारे पास आई नहीं।
किसने कहा कि मैं तुम्हारे दिल पर छाई नहीं।।

जब भी आती हूं,
मुझसे बैर तुम रखते हो।
ख़ुद की थाली को अनदेखा कर,
दूसरों की थाली के घी को तुम देखते हो।।

थोड़ा सा प्यार मुझसे कर लो,
तुम्हें इंतजार नहीं करवाऊंगी।
खुशी हूं तुम्हारे चेहरे की,
तुम्हें मायूस होता नहीं देख पाऊंगी।।

अपने...

अपने शहरों में, अपने अपनों के साथ,
गांव की गलियों में
चाय की टपरियों पर चाय की प्याली के साथ।
एक अलग ही अफसाना होता है,
हर कोई हर किसी का चाहने वाला होता है।

एक की खुशी पर,
दूसरा मिठाईयां बांटता है।
एक के गम में,
दूसरा हाथ थामने आ जाता है।

अपने शहरों में
अपने अपनों के साथ,
जीने का ख़्वाब ही
बेहद सुहाना होता है।

मानता हूं,
तुम्हारी इमारतों की नींव बहुत मजबूत है।
पर जानते हो,
मेरे रिश्तों की नींव अटूट है।।

सुना है,
तुम्हारे दोस्त अनेक है।
गर्व से कहता हूं,
मेरे पास सिर्फ एक है।

तुम्हारी चीख निकल जाएगी,
और एक ना आयेगा।
मेरी हल्की सी आह पर,
मेरा यार दुनियादारी छोड़ कर मेरे साथ खड़ा होगा।

अपने शहरों की ना,
बात ही कुछ और है।
अपने अपनों की ना,
रिश्तेदारी ही कुछ और है।

अपने शहरों में
अपने अपनों के साथ,
गांव की गलियों में
चाय की टपरियों पर चाय की प्याली के साथ।
एक अलग ही अफसाना होता है,
हर कोई हर किसी का चाहने वाला होता है।।

जरूरी है

कभी - कभी न
ठहरना जरूरी है
ठहर कर बिखरना जरूरी है
बिखर कर रोना जरूरी है
रो कर संभलना जरूरी है
संभल कर आंसू पोंछना जरूरी है
आंसू पोंछ कर फिर से उठना जरूरी है
उठ कर चलना जरूरी है
चल कर दौड़ना जरूरी है
दौड़ कर मंज़िल को चूमना जरूरी है
मंज़िल चूम कर मुस्कुराना जरूरी है
मुस्कुरा कर खिलखिलाना जरूरी है
खिलखिला कर बाहें फैलाना जरूरी है
बाहें फैला कर गले लग जाना जरूरी है
गले लग कर आगे बढ़ना जरूरी है
आगे बढ़ कर नए मुकाम तय करना जरूरी है
नए मुकाम तय करकर उनकी ओर उड़ान भरना जरूरी है
उड़ान भरने के बाद चाहे आए कोई भी परिस्थिति,
हर हालत में खुद का साथ निभाना जरूरी है।

इस दुनिया में
हर किसी के लिए कोई न कोई इंसान और
कोई न कोई काम जरूरी है।

मेरे लिए लिखना जरूरी है,
तुम्हारे लिए पढ़ना जरूरी है।
इस दुनिया में हर एक इंसान को क्या जरूरी है,
इसका ज्ञान होना भी बेहद जरूरी है।।

मेरे सामने वाली...

मेरे सामने वाली खिड़की पर तो नहीं,
पर हां,
मेरे सामने वाली कुर्सी पर एक चांद का टुकड़ा बैठा है।
खिलखिलाती मुस्कान देकर,
मानो दिल मेरा उसने लुटा है।

काम करते - करते,
लैपटॉप से नज़रें ऊपर उठी।
मेरी डेस्क के उस ओर,
बैठी है एक प्यारी परी।।

टीम हमारी अलग है,
ना हमारा एक - दूसरे से कोई नाता।
जितना जान पाया हूं,
चंद क्षणों में चेहरे से इंसान, उतना ही समझ पाता।।

एक टक देखते ही
प्यार हो गया।
उसकी हंसी का मैं
पल भर में दीवाना हो गया।।

बाल उसके खुल्ले थे,
जुल्फें आंखों के आगे लहरा रही।
उसकी सुंदरता ने मानो,
मेरी सांसों पर ही चुप्पी लगा दी।।

इंट्रोवर्ट हूं,
इसलिए बात तो नहीं ही कर पाया।
पर उसकी नज़रों से अपनी नज़रें एक दफ़ा मिल जाए,
इसकी कोशिश, मैं लगातार करता आया।।

फिर अचानक वो खड़ी हुई,
मेरी नज़रें उसी पर थी टिकी हुई।

उसके हाथों में देखा
मैंने नवविवाहित की चूड़ियों का जोड़ा,
और मेरे दिल ने
खुद को गिरने से जैसे - तैसे है रोका।

अब नज़रों से नज़रें मिलने की कोई उम्मीद तो रही नहीं,
दो टीम के इस मिलन की अब कोई संभावना भी बची नहीं।

खुश था उसके पति के लिए,
क्या ही किस्मत पाई है जनाब।
जिसकी एक हंसी कर रही मेरे ग़मों को हवा,
उसके चेहरे की झलक हुई है उसे नसीब हर सुबहों शाम।।

ये एक तरफा आकर्षण कोई पहली दफ़ा तो नहीं है,
पर हर बार चेहरे पर खिलखिलाहट ले ही आता है।
जैसे ही पता चलता है कि यहां हमारा कोई स्कोप नहीं,
वैसे ही पल भर में अपने दिल से समझाइश कर शांत बैठ जाता है।।

मेरे सामने वाली कुर्सी पर एक हसीन चेहरा बैठा है।
हक़ में ना हो वो,
तो क्या हुआ,
ये दिल तो इश्क़ कर बैठा है।।

मेरे सामने वाली कुर्सी पर एक हसीन चेहरा बैठा है।
मेरे सामने वाली कुर्सी पर एक चांद का टुकड़ा बैठा है।।

तुम और मैं

नए तुम या पुराना मैं,
पुराने तुम या नया मैं।
बात तो एक ही है,
पर ये कहानी बड़ी अनोखी है।।

पुराने तुम
जल्दी से बड़ा होना चाहते थे,
जिम्मेदारियां का बेड़ा उठाना चाहते थे।
समय और दोस्त की कहां कमी थी,
पर पैसा कमाने की बड़ी हड़बड़ी थी।।

नया मैं
आज उसी पायदान पर हूं।
बड़ा हो चला हूं,
जिम्मेदारियां समझने लगा हूं।
पैसा कमाने लगा हूं,
पर समय को अब मैं खुद ढूढ रहा हूं।।

दस बरस पुराने तुम,
और आज का नया मैं।

कितना हसीन फलसफा होगा,
अगर मिल बैठेंगे ये दोनों यार,
तो महफ़िल का माहौल बड़ा रंगीला होगा।।

पुराने तुम को, नया मैं अच्छा लगूंगा।
नए तुम को, पुराना मैं भा जाऊंगा।।

नए तुम सुहावने हो,
पुराना मैं बचकाना था।
नए तुम शेर की तरह हो,
पुराना मैं भोली गाय था।।

नए तुम वृक्ष बनने लगे हो,
पुराना मैं एक अबोध पौधा था।
नए तुम दुनिया घूमने लगे हो,
पुराना मैं घूमने के स्वप्न मात्र से खुश हो जाया करता था।।

नए तुम चुप रहने लगे हो,
शायद अब इस दुनिया को समझने लगे हो।
पुराना मैं उतावला बड़ा था,
पूरी दुनिया को पाना चाहता था।।

चाहे अंतर कितने भी हो जाए
शाश्वत सत्य एक ही है।
पुराने तुम को, नया मैं अच्छा लगूंगा।
नए तुम को, पुराना मैं भा जाऊंगा।।

नए तुम या पुराना मैं,
पुराने तुम या नया मैं।
बात तो एक ही है।
दस बरस बाद का मैं,
या दस बरस बाद के होने वाले तुम,
होंगे और भी हसीं है।।

नए तुम या पुराना मैं।
पुराने तुम या नया मैं।।

थैला

थैला
थैला कहूं,
बस्ता कहूं,
या मॉडर्न भाषा में बैग कहूं।
काम तो एक ही है,
बस बदलता अपने आकार को है।।

थैला
एक नन्हें बच्चे के हाथ में,
बन जाएगा किताबों का खज़ाना।
थैले का आकार छोटा हुआ तो,
हो सकता है यह हो
चॉकलेट्स लाने का कोई बहाना।।

थैला
एक नन्हें बच्चे के हाथ में,
बन जाएगा किताबों का खज़ाना।
तो वहीं किसी मजबूर बच्चे की किस्मत में,
होगा वो दो वक्त की रोटी कमाने का सहारा।।

कोई नई - नई किताबें लाएगा,
और अपने थैले को सजाएगा।
कोई दिन - रात सड़कों पर घूम,
कूड़े - कचरे में से अपनी तक़दीर
इस थैले में भरता जाएगा।।

समय बदलेगा,
हवा बदलेगी।
लोग बदलेंगे,
पर ये थैला हमेशा वही का वही रहेगा।

कोई थैले में लैपटॉप रखकर सर मैडम कहलाएगा,
तो कोई अपनी मां या पत्नी के हाथों की बनी सब्जी - रोटी
थैले में लेकर दिहाड़ी पर जाएगा।

कोई कंधे पर दूसरों के थैलों का बोझ उठा अपना पेट भर पाएगा।
तो कोई नित नए थैले बेच लोगों के सपनों को
एक नई उड़ान दे पाएगा।

वैसे थैला,
है बहुत कीमती चीज़।

अब देखो,
बच्चों की किताबें थैले में,
चटपटी चॉकलेट्स थैले में।
पेट भरने वाला टिफिन थैले में,
आमदनी का जरिया लैपटॉप थैले में।।

दवाघर से मिलने वाली दवाएं थैले में,
दिवाली हो या ईदी, कागज ही सही, है तो थैले में।
व्यापारी की कमाई थैले में,
गरीब के सपनों का सहारा, पैसा हो, कपड़े हो
या हो कोई आभूषण, है तो थैले में।।

किसी के थैले में होगी हीरे - जेवरातों की माला,
तो किसी के थैले में
उसकी जीवन भर की कमाई का सब कुछ है आ जाता।
कोई अपने घर मकान में थैलों का संग्रह है कर रहा,
तो कोई उस एक थैले में अपना जीवन समेट
एक जगह से दूसरी जगह पलायन है कर रहा।।

जात - पात,
ऊंच - नीच,
तो इंसान की बनाई है।
महंगा थैला स्टेटस को बनाए रखता है,
और सादा थैला मजबूरी की झलक दिखा देता है।।

वरना भला, थैले का क्या ही कसूर
महंगा हो या सस्ता
स्पेशल हो या सादा
इंसान की राहों में वही है जो साथ निभाता।
चाहे हो अमीर या गरीब
हर किसी को थैला है अपने हाथ में सुहाता।।

थैला कभी भेदभाव नहीं करता।
इंसान - इंसान में कभी फ़र्क नहीं करता।
बाबा जब दिनभर काम करकर घर आते है
तो हर बच्चे की आंखें बस उस थैले पर टकटकी लगाए रहती हैं।
थैले की सुंदरता उन्हें नहीं लुभाती,
थैले के अंदर छिपी खुशियां, है उनका मन भर जाती।।

हौले - हौले

यार एक पेटिशन है मेरा
ज़िंदगी में पोज़ और प्ले के बटन की मांग को उठाना मक़सद है मेरा।

ज़िंदगी ना वाकई में मद्धम - सी होनी चाहिए
तेज़ आंच पर उकारने से वो स्वाद अधूरा रह जाएगा,
और धीमी आंच में सारा मज़ा किरकिरा हो जाएगा।
इसलिए ज़िंदगी मद्धम - सी होनी चाहिए।

हौले - हौले प्यार करूं,
पूरे विश्वास से इकरार करूं।
जिसकी रूह को भा जाए मेरी छवि,
उससे मैं दिन के पच्चीसों घंटे बात करूं।।

पर शर्त है... हौले - हौले प्यार करूं।

अब प्यार या ज़िंदगी ही कह दूं,
कोई कुछ करोड़ का प्रोजेक्ट थोड़ी ना है,
जो 6 महीने की टाइमलाइन में पूरा कर दूं।
अमूल्य ज़िंदगी के हर एक पल का सवाल है,
क्यों ना इसे मद्धम आंच पर पकने दूं।।

शर्त अभी भी वही है
हौले - हौले प्यार करूं।

नज़रें मिली, पास गया,
दो लाइन फ्लर्ट भी कर लिया।
इंस्टा प्रोफाइल मांग कर,
दिनभर गॉसिप करने का ज़रिया है मैंने ढूढ लिया।।

कुछ दिन बातें हुई,
मुलाकातों से क्या ही वास्ता।
और एक - दूसरे को हमने दिल है अपना दे दिया।।

ना,
मज़ा नहीं आया।
वो फ़ील नहीं आया।
चलो अब हौले - हौले प्यार करते हैं।

उनकी नज़रों से नज़रें मिलने पर एक प्यारी मुस्कान देते हैं।
ठहरो, ठहरो
नज़रें मिल जाए इस चक्कर में ना - जाने कितनी देर से
उन्हीं पर आंखें गड़ाए हम बैठे हैं।।

उनकी नज़रों से नज़रें मिलने पर एक प्यारी मुस्कान देते हैं।
नजरों के इस मिलन में हम अपने मन की बात भी कहते हैं।।

अब तलाशते हैं मौका
एक बार बस मिलना हो जाए।
और कुछ हो न हो,
एक दफ़ा एक - दूसरे से रूबरू हम हो जाए।।

बहुत कोशिशों के बाद मौका मिल जाता है,
पर ये दिल साला सब भूल जाता है।
क्या कहना था ये तो छोड़ो,
सही से बात भी नहीं कर पाता है।।

चंद पलों में खुद को संभाल लेता हूं,
और छोटी - सी बातचीत को अंजाम मैं देता हूं।
जाने से पहले बस इतना कहता हूं,
कि लड़का मैं अच्छा हूं,
और तुम्हें और जानने की ख्वाहिश मैं रखता हूं।।

चांद - तारे, ग्रह - नक्षत्र
तो मानो आज मेरे ही हक़ में हो।
किस्मत समझो या इश्क़ की ताकत,
मोहतर्मा की गर्दन हामी में झुकी।

इंस्टा प्रोफाइल यहां भी शेयर हुई,
पर बात रूबरू मिलने पर ही अड़ी रही।
हमें किसी ज़रिए से इश्क़ करना मंजूर ना था,
एक - दूसरे की आंखों में
मोहब्बत का असली रंग देखना हमारे मन में था।।

ज़रा सोचो,
वो लड़की वीडियो कॉल पर हंसे, मुस्कुराएं या नखरें दिखाए
और वही
तुम्हारे सामने बैठकर
अपनी अंगुली से चेहरे पर आ रही जुल्फ़ों को
कान के पीछे ले जाए।

मानो या ना मानो,
मुझ जैसे की आशिक़ी तो रूबरू मुलाकात में ही है।
सच्चाई से लेकर प्यार की असली पराकाष्ठा भी
रूबरू मुलाकात में ही है।

बात बस इतनी ही कहनी थी,
कि इस फास्ट फॉरवर्ड दुनिया में
आज भी कुछ चीज़ें है
जो 90 के दशक की ही अच्छी थी।

इसीलिए कहता हूं,
हौले - हौले प्यार करो।
पर जब प्यार करो,
तब सिर्फ प्यार करो।।

हौले - हौले प्यार करो...